Judy Baca

por Mary Olmstead

traducción de Allison Pomenta

Chicago, Illinois

For information, address the publisher
Raintree, 100 N. LaSalle, Suite 1200, Chicago, IL 60602

Translation into Spanish produced by DoubleO
    Publishing Services
Photo research by Scott Braut
Printed and bound in China by South China Printing
    Co. Ltd.

09 08 07 06 05
10 9 8 7 6 5 4 3 2 1

Library of Congress Cataloging-in-Publication Data
Olmstead, Mary.
    [Judy Baca. Spanish]
    Judy Baca / por Mary Olmstead ; traducción por
Alison Pomenta.
        p. cm.
    Includes bibliographical references and index.
    Contents Su crianza -- Encontrar su camino --
Pintar con adolescentes -- Independizarse
    -- Internacionalización -- Diversificar – Trabajar
significativo -- Glosario – Cronoloía – Indice.
    ISBN 1-4109-1589-1 (hc) -- ISBN 1-4109-1594-8
(pbk.)
1. Baca, Judith Francisca -- Juvenile literature. 2.
Hispanic American
 Painters – Claifornia – Biography – Juvenile literature.
I. Title.

ND237.B13O4418 2005
759.13 -- dc22
[B]   2004059753

Acknowledgments
The publisher would like to thank the following for
permission to reproduce photographs:
pp. 4, 10, 11, 14, 27, 46, 48, 57 SPARC; p. 6 "The Great
Wall of Los Angeles, Pre-Historic California" Acrylic on
cast concrete. 1976/SPARC; pp. 8, 23 Bettmann/Corbis;
p. 16 California State University, Northridge; p. 18
"Cactus Heart" Oil stick on paper. 23" x 29", 1980.
From the collection of Armando Duron/SPARC; p. 24
Stephanie Maze/Corbis; p. 30 "The Great Wall of Los
Angeles, Uprising of the Mujeres" 8' x 24'. Acrylic on
wood, 1979/SPARC; p. 32 Corbis; p. 37 Rivera, Diego
(1866-1957) © Banco de Mexico Trust, Fin del Corrido,
detail of "Children Learning". Mural, Court of Fiestas,
Corridor of the Agrarian Revolution, West Wall, c.1922-
28. Secretaria de Educacion Publica, Mexico
City/D.F.Schalkwijk/Art Resource, NY; p. 38 "The Great
Wall of Los Angeles, Charlie Parker and Billy Holiday at
the Dunbar Hotel", from the 1930's section/SPARC; p.
40 "The Great Wall of Los Angeles, Fighting 442nd"
from the 1940's section. 1982/SPARC; p. 42 "Triumph of
the Hearts," part of the "World Wall: A Vision of the
Future Without Fear." 1990/SPARC; p. 43 The Mexican
panel from the "World Wall: A Vision of the Future
without Fear, Tlazolteotl: Fuerza Creadora de lo No
Tejido" (Creatice Force of the Un-Woven). 10' x 30',
Acrylic on canvas. 1999/SPARC; p. 54 Damian
Dovarganes/AP Wide World Photo; p. 59 "La Memoria
de Nuestra Tierra: Colorado" Denver International
Airport, Denver, Colorado. 10' x 50' digital mural,
2000/SPARC

Cover photograph by SPARC

Every effort has been made to contact copyright holders
of any material reproduced in this book. Any omissions
will be rectified in subsequent printings if notice is given
to the publisher.

Algunas palabras se muestran
en **negrita**. Puedes averiguar
lo que significan buscándolas
en el glosario.

Contenido

Judy Baca es una artista de murales conocida por su trabajo con gente joven. Judy desarrolló programas de arte mural para la ciudad de Los Ángeles porque quería ayudar a la gente en su comunidad.

Introducción

Judy Baca es una artista y una profesora de arte. Es conocida alrededor del mundo por su trabajo. Sus coloridos murales han hecho que la historia cobre vida. Un mural es una pintura grande que se hace sobre las paredes u otras superficies grandes. Los murales de Judy expresan las esperanzas, sueños y opiniones de muchas personas. Sus murales muestran cómo la gente piensa y siente.

Judy ha marcado una diferencia en las vidas de muchas personas al usar el arte para enseñar la paz y la comprensión. En una oportunidad, trabajó con miembros de pandillas. Las pandillas son grupos que actúan juntos, a veces en contra de la ley. Judy contrató a muchos jóvenes que se habían metido en problemas en la escuela o con la ley. Les dio dirección y los ayudó a establecer metas. Estos jóvenes pintaron murales en los vecindarios de East Los Ángeles.

Los coloridos murales muestran escenas de la vida de la gente del vecindario. Los murales permiten que se oigan sus voces. El trabajo de Judy impresionó a la gente. Había logrado que miembros de pandillas dejaran de pelearse y los ayudó a pintar algo agradable.

Esta sección de La gran muralla de Los Ángeles *muestra a un tigre dientes de sable y otros animales de la era prehistórica.*

El trabajo de Judy se amplió. Dirigió un programa de murales para todo Los Ángeles que se volvió muy popular. Judy vió cómo el arte podía ayudar a formar un mundo más pacífico. Ella quería que su arte llegara a la mayor cantidad de gente posible.

A Judy se le ocurrían ideas para crear arte con grupos de personas. Ayudó a iniciar un centro para el arte mural llamado el Centro Social y Público de Recursos Artísticos (SPARC, por sus siglas en inglés). A través de SPARC, se involucraron más personas en la pintura de murales. El primer proyecto de SPARC fue un mural llamado *La gran muralla de Los Ángeles*. Es el trabajo por el que Judy es más conocida y se cree que es el mural más largo del mundo.

El mural *La gran muralla* mide 0.5 millas (0.8 kilómetros) de largo. Muestra la historia de Los Ángeles desde la éra **prehistórica** hasta los tiempos modernos. Muestra la vida de muchos grupos **étnicos** que han vivido allí. Según algunas personas, era la primera vez que se contaba su historia.

Judy cambió la apariencia de Los Ángeles con sus coloridos murales. Convenció a miembros de pandillas de que propagar la paz a través del arte era mejor que pelearse. Los ayudó a marcar una diferencia. Durante el proceso, ella cambió cómo se sentían y sus ideas. Muchas personas agradecieron esos cambios. Aprendieron a cooperar con un propósito. Aprendieron a crear cosas hermosas.

En sus propias palabras

"Me conmuevo. Veo un tema, algo que me pueda importar, y luego busco soluciones de la manera que puedo, como artista".

–Judy Baca

"Tuve la idea de que hacer arte era probablemente una de las actividades humanas más importantes en las que cualquier persona se podía involucrar".

–Judy Baca

"Siempre he tenido la sensación de que el arte es una celebración de los sentidos. Quiero hacer arte que le exija a la gente usar todos sus sentidos".

–Judy Baca

Esta foto muestra una concurrida calle en Los Ángeles a principios la década de 1950.

Capítulo 1: Su crianza

Judith Francisca Baca nació el 20 de septiembre de 1946, en Los Ángeles, California. Cuando era muy pequeña, Judy vivía en una casa llena de mujeres. Vivía con su madre, sus tías Rita y Delia, y su abuela Francisca. Judy se dio cuenta de que la querían muy temprano en la vida.

La familia de Judy vivía en South Central Los Ángeles, en un vecindario de habla hispana. En casa, Delia, la tía de Judy, era una amiga maravillosa. Judy describía a su tía como alguien "que no había madurado en su cabeza. Era como si tuviera cinco años, mi edad, sólo que ella era grande". La tía Delia siempre jugaba con Judy.

La abuela de Judy

El padre de Judy era músico. Jamás lo conoció de niña. La madre de Judy, Hortencia, trabajaba en una fábrica de llantas. La abuela de Judy, Francisca, la cuidaba mientras su madre trabajaba. Francisca sólo hablaba español. Judy la miraba y aprendía de ella. Era muy religiosa, y también era

Esta foto de Judy cuando era niña se tomó cuando vivía en South Central Los Ángeles.

la curandera del vecindario. Una curandera es alguien que usa las creencias y medicinas tradicionales para ayudar a las personas enfermas. La abuela de Judy usaba hierbas, amor y rezos. Escuchaba los problemas de las personas y las reconfortaba. Judy vio que su abuela curaba las cosas relacionadas con el corazón y con el cuerpo. Judy quería ser como su abuela. Más tarde Judy también se convirtió en una curandera de los problemas sociales de su comunidad.

Una vida nueva

En 1952, cuando tenía seis años, la vida de Judy cambió. Su madre se casó de nuevo y se mudaron a un suburbio de Los Ángeles llamado Pacoima. Luego, en ese año, nació su medio hermano Gary.

Judy estaba feliz de tener un nuevo hermanito y un padre, pero extrañaba su vida anterior. Extrañaba a su abuela y sus tías. Extrañaba el vecindario de habla hispana donde había vivido. Este sentimiento aumentó cuando tuvo la edad suficiente para empezar la escuela. En la escuela, Judy sintió la **discriminación**. Algunas personas no le daban un trato justo porque era méxico-americana.

Judy tenía alrededor de ocho años cuando se tomó esta foto. Su madre Hortencia sujeta a Gary, su hermano menor.

A Judy no se le permitía hablar español en la escuela. Ella recuerda: "Me acuerdo de estar en salones con gente hablando otro idioma. No entendía las palabras, pero sabía que estaban diciendo que yo era menos que ellos porque no hablaba inglés."

Al principio, a Judy se le hizo muy difícil la escuela. No entendía todas las cosas. Pero Judy había aprendido a no tener miedo de hablar. Judy se dijo a sí misma que aprendería mejor el inglés. Era muy extrovertida. Cada día, aprendía unas cuantas palabras más.

Un nuevo interés

El arte se convirtió en la materia favorita de Judy y su profesora la animaba. A menudo permitía que Judy se sentara en una esquina sola y pintara. El dibujo y la pintura le dieron a Judy un descanso del aprendizaje de nuevas palabras en inglés. Incluso en casa, Judy a menudo pasaba su tiempo libre dibujando. Dibujar era una de las cosas que más le gustaba.

Judy era una niña activa. Le encantaba nadar y jugar afuera con otros niños. Disfrutaba jugar con su hermanito Gary. Judy tenía seis años más, pero ella y Gary eran muy unidos. Cuando Judy tenía once años, nació otro bebé, su media hermana Diane.

Esfuerzos por tener éxito

Los abuelos de Judy eran de México. Se establecieron en La Junta, Colorado, donde se crió la madre de Judy. Después de mudarse a Los Ángeles, Hortencia trabajó duro. Quería que Judy tuviera más oportunidades de las que ella tuvo. Por ello se aseguró de que Judy tuviera éxito en la escuela. Sabía que una buena educación ayudaría a Judy.

Después de que mejoraron los problemas de Judy con el inglés, la escuela se volvió más fácil. Ella era inteligente. Sacaba buenas notas en todas las materias. Pero la materia que más le gustaba era arte.

Ser mexicana

Estados Unidos es una mezcla de muchas **culturas** diferentes. Hay cosas de cada grupo **étnico** que lo distinguen de otros.

Curanderismo: Medicina popular mexicana

El nombre que se le da a la medicina popular mexicana es *curanderismo*. Viene de la palabra "curar". Esta tradición popular tiene unos quinientos años de antigüedad. Es una combinación de la medicina azteca, indígena, española y africana. El curanderismo aún existe en México y en aquellas partes de Estados Unidos con una gran población méxico-americana.

En esta creencia, algunas enfermedades, como el mal de ojo, son causadas por espíritus malignos. El mal de ojo se cura rezando y frotando a la persona con un huevo de gallina.

Se cree que otras enfermedades provienen de causas naturales. A menudo son tratadas con hierbas, como la yerbabuena para el dolor de barriga y el aloe vera para las quemaduras. El tratamiento de enfermedades menores como el dolor de barriga, usualmente es llevado a cabo por las madres, abuelas o tías de una familia.

Puede ser el idioma que el grupo habla. Pueden ser los días festivos que el grupo celebra. Pueden cocinar los alimentos de cierta manera o usar cierto tipo de ropa. Mucha gente está orgullosa de sus orígenes étnicos.

Cuando Judy era una niña, la mayoría de los estadounidenses en mejores posiciones sociales eran blancos. Muchos méxico-americanos trataron de ser como la gente blanca y de mezclarse más con ellos. Sentían que era la forma de tener éxito en Estados Unidos. Por eso la mamá de Judy quería que ella aprendiera bien inglés. Su madre creía que esto le facilitaría la vida a Judy.

Después de la universidad, Judy se convirtió en profesora de arte en la escuela secundaria donde había estudiado, Bishop Alemany High School.

Capítulo 2:
En busca de su camino

Judy fue a una escuela católica privada llamada Bishop Alemany High School. Muchas de las profesoras de la escuela eran monjas. Las monjas son mujeres que dedican su vida al trabajo religioso en la Iglesia Católica. Pasan sus vidas ayudando a otros. Judy trabajó duro en la escuela para obtener buenas notas. Todavía le gustaba dibujar y pintar más que cualquier otra actividad.

Judy se graduó de la escuela secundaria en 1964. Solicitó cupo en la Universidad del Estado de California (California State University) en Northridge. Quería estudiar arte. Éstos fueron unos años muy ocupados para Judy. Estudiaba y trabajaba para ganar dinero y poder pagar la universidad.

Durante su primer año en la universidad, Judy se enamoró. Se casó cuando tenía diecinueve años. Judy siguió estudiando después de casarse. No estaba segura de lo que quería hacer con su vida. Judy había sido criada para ser independiente. Le habían enseñando a seguir su propio camino. Ahora estaba casada.

Judy no estaba segura de querer una vida tradicional. Pero sentía presión por parte de su familia. Ellos no querían que fuese una artista porque las probabilidades de éxito para un artista generalmente son escasas. Sin embargo, Judy finalmente decidió que tenía que ser artista.

Judy se sentía sola en la universidad. La mayoría de los estudiantes eran blancos. Se sentía separada de su **cultura**. Judy extrañaba oír español. Extrañaba cosas cotidianas de su vida anterior. Extrañaba la comida y la música de su infancia.

Esta fotografía muestra el campus de la Universidad del Estado de California en Northridge, donde estudió Judy.

Estudiar arte

A pesar de sus sentimientos, Judy permaneció en la universidad. Obtuvo una licenciatura en arte. Estudió historia del arte y tomó clases prácticas de arte. En las clases prácticas, los estudiantes pintan y dibujan. Un profesor de arte con experiencia **supervisa** su trabajo.

A Judy le gustaba pintar en un estilo de arte moderno llamado arte **abstracto**. No es un arte fácil de entender. El arte abstracto usa colores y formas para expresar emociones e ideas. No siempre muestra a los objetos exactamente como aparecen en la naturaleza. La gente no siempre puede distinguir de qué se trata una pintura abstracta.

La abuela de Judy miraba sus pinturas. Le preguntaba a Judy, "¿Qué es esto? ¿Para qué sirve?". En su mundo, todo tenía un propósito. Todo tenía significado. Para ella, el propósito del arte de Judy no era fácil de comprender.

Judy pensaba en sus pinturas. El propósito de sus obras de arte no siempre estaba claro para los demás. No era un arte que otra gente comprendiera fácilmente. Judy quería que su arte tuviera un significado para su familia y su comunidad. Quería hacer arte que su abuela pudiera entender. ¿Podría hacerlo?

Judy decidió hacer otro tipo de arte diferente. No sería un tipo de arte que se pudiera encontrar en las galerías. Una galería de arte es un sitio donde se exhiben obras de arte para que la gente las vea. La familia de Judy y la gente que ella conocía no iba a las galerías de arte.

Judy decidió hacer arte que conectara con sus orígenes méxico-americanos. Pintaría cuadros que mostraran sus creencias. Usaría los colores fuertes de sus pinturas **abstractas**. Usaría formas atrevidas. Pero sus pinturas tendrían significados cotidianos.

Corazón de cactus *es un ejemplo del arte abstracto que Judy ha pintado. El arte abstracto usa el color y la forma para expresar un sentimiento. No muestra a los objetos tal como aparecen en la naturaleza.*

Regreso a la escuela secundaria

Judy se graduó de la universidad en 1969 con una licenciatura en arte. Tenía 23 años. Consiguió un trabajo como profesora de arte en su antigua escuela secundaria. En sus clases había estudiantes de varios orígenes **étnicos**. A veces no se llevaban bien unos con otros.

Judy sentía que ellos necesitaban aprender a cooperar y decidió que les haría pintar un mural en una pared de la escuela. El mural de la escuela fue su primer proyecto de arte cooperativo. Un proyecto de arte cooperativo es uno en el que las personas trabajan juntas para hacer una obra de arte.

Judy vio cómo los estudiantes se veían obligados a cooperar unos con otros. Si no lo hacían, no se podía pintar el mural. Judy sabía que los estudiantes habían aprendido una lección importante. Habían aprendido a trabajar juntos, y esperaba que ellos pudiesen cooperar de una manera mejor con otras personas, en otras áreas de sus vidas.

El proyecto del mural también ayudó a Judy. La ayudó a encontrar una buena manera de trabajar con sus estudiantes y a desarrollar un método que usaría muchas veces en futuros proyectos.

La Guerra de Vietnam

Vietnam es un país en el sureste de Asia. Francia lo gobernó desde la década de 1850 hasta 1954. Después de que se acabó la Segunda Guerra Mundial en 1945, un hombre vietnamita llamado Ho Chi Minh dirigió un movimiento independentista en Vietnam. Sus soldados lucharon hasta que Francia se fue en 1954.

Después de que los franceses se fueron, los vietnamitas no se ponían de acuerdo en cómo gobernar a su país, así que Vietnam se dividió en dos: Vietnam del Norte y Vietnam del Sur. El norte tenía un gobierno **comunista**. El sur tenía un gobierno **republicano**. Estados Unidos envió soldados para detener el avance comunista hacia el sur de Vietnam.

Los soldados estadounidenses se quedaron mucho más tiempo que lo esperado, y cada vez eran más. Para 1965, más de 150,000 soldados de Estados Unidos estaban combatiendo contra los vietnamitas del norte. Muchos vietnamitas no querían a Estados Unidos en su país. Para 1968, más de medio millón de soldados estadounidenses estaban en Vietnam. Las personas en Estados Unidos también discutían unas con otras sobre el papel de su país en la guerra. Miles de estadounidenses marcharon en contra de la guerra.

En 1973, Estados Unidos se retiró de Vietnam sin ganar la guerra. Dos años después, la guerra terminó cuando los comunistas tomaron Vietnam del Sur. Más de un millón de vietnamitas y 58,000 estadounidenses murieron en la Guerra de Vietnam.

El Movimiento

Judy no conservó su trabajo en el colegio durante mucho tiempo. Después del trabajo, se involucró en "El Movimiento". "El Movimiento" describe ciertas actividades que tuvieron lugar entre mediados de la década de 1960 y la primera parte de la de 1970. Miles de personas querían ayudar a aquellos que no habían sido tratados por la sociedad de manera justa. Daban discursos y marchaban en las calles para llamar la atención sobre sus causas.

Algunas personas trabajaban por mejorar el trato hacia los afroamericanos u otros grupos **étnicos**. Algunos luchaban por la igualdad de la mujer. Un hombre llamado César Chávez dirigió un movimiento para ayudar a los trabajadores agrícolas méxico-americanos. Los trabajadores agrícolas querían que les pagaran más. Querían un mejor trato en el trabajo.

Judy se unió a una parte de "El Movimiento" llamado el movimiento por la paz. Estados Unidos luchaba en un país llamado Vietnam. Muchas personas creían que Estados Unidos no debía pelear en la **guerra civil** de Vietnam, y que los soldados estadounidenses no debían estar allí. Varios profesores de la escuela de Judy se le unieron. Participaron en las marchas en contra de la guerra.

Había un nuevo director en el colegio donde Judy daba clases. El nuevo director pensaba que los profesores no debían participar en marchas por la paz. Los profesores que marcharon en contra de la guerra fueron despedidos. Judy perdió su trabajo. Estaba preocupada. Tenía miedo de que nadie la contratara para enseñar otra vez.

César Chávez (1927–1993)

César Chávez es recordado por muchos como un gran héroe americano. Trabajó por mejorar las condiciones de trabajo de los trabajadores migrantes. Los trabajadores migrantes son personas que se mudan de un sitio a otro para cosechar cultivos. Por muchos años no se les trató bien.

Chávez nació en 1927 cerca de Yuma, Arizona. En la década de 1930, su familia perdió todo lo que tenía. Después, pasó la mayor parte de su infancia y juventud como trabajador migrante en California. Él sabía que las empresas agrícolas a menudo engañaban a los trabajadores agrícolas con sus pagas. La mayoría de los trabajadores agrícolas eran muy pobres. No siempre podían dar de comer a sus familias.

En 1962, Chávez organizó un **sindicato** agrícola. Un sindicato es un grupo de trabajadores que se **unen** por un propósito común. Chávez era un hombre pacífico. No permitía a las personas que se unían al sindicato que usaran la violencia en contra de los hacendados, incluso cuando los hacendados usaban la violencia contra ellos.

Después de varios años, Chávez ayudó a los trabajadores agrícolas a ganar más dinero y obtener mejores condiciones de trabajo. La gente en todas partes oyó hablar de su lucha y el hombre que los llevó a la victoria. Chávez le había mostrado a la gente que la no-violencia podía traer cambios pacíficos en la sociedad. Él dijo, "Una vez que el cambio social empieza, no puede ser revertido". Muchas personas jóvenes como Judy Baca se tomaron en serio las convicciones de César Chávez sobre la no-violencia.

César Chávez fue un líder sindical que luchó por el tratamiento justo de los trabajadores agrícolas. Su creencia en la no-violencia influyó en que gente joven como Judy Baca se dedicara a trabajar pacíficamente por el cambio en la sociedad durante las décadas de 1960 y 1970.

Boyle Heights es un vecindario hispano en Los Ángeles donde Judy trabajó como profesora de arte en la primera parte de la década de 1970. La pintura en esta pared muestra el orgullo que sienten los méxico-americanos que viven allí.

Capítulo 3: Pintar con adolescentes

Judy no tuvo que preocuparse. Encontró otro trabajo como profesora. La Alcaldía de Los Ángeles la contrató para enseñar arte en los parques en un programa de verano. Enseñaba a niños pequeños y a personas mayores. Trabajaba en un vecindario llamado Boyle Heights, un vecindario que tenía muchos méxico-americanos. Boyle Heights también tenía el número más alto de pandillas en Estados Unidos.

El trabajo de Judy la llevaba a diferentes parques. Se podía mover libremente entre los parques del vecindario, pero los muchachos adolescentes en pandillas no podían. Las diferentes pandillas marcaban territorios dentro del vecindario. Había peleas cuando más de una pandilla decía que el mismo territorio era suyo. Cuando una pandilla atrapaba a un miembro de otra pandilla dentro de su territorio, había problemas. Las pandillas se peleaban para mantener a otras pandillas fuera de su territorio.

La mayoría de los adolescentes pasaba su tiempo rondando por las calles o los parques. Pintaban **graffiti** en las paredes públicas. El graffiti marcaba el territorio que cada pandilla decía que era suyo. Judy sabía que estas paredes rayadas eran parte de la vida en el barrio. La gente no tenía mucho control sobre su vecindario. La mayoría de las personas no eran dueñas de sus casas. La mayoría de los edificios eran propiedad de los **caseros**.

Pintar graffiti hacía sentir a la gente que el vecindario les pertenecía. Les hacía sentir que los edificios eran parte de su comunidad. Judy explica: "Podías leer una pared y aprender todo lo que necesitabas saber sobre esa comunidad". Podías leer tanto cosas buenas como malas. El graffiti contaba quién vivía en el vecindario. También indicaba qué pandillas reclamaban ese espacio como suyo.

La señora del arte

El graffiti dividía a Boyle Heights. Las pandillas lo usaban para indicar su territorio dentro del vecindario. Judy quería encontrar algo para **unir** al vecindario. Tuvo una idea. Enseñaría arte a los miembros de las pandillas. Eso les daría algo positivo que hacer. Los miembros de las pandillas se acostumbraron a ver a Judy todos los días. Sus gritos de "¡Eh, señora del arte!" se volvieron amigables. En poco tiempo, algunos de ellos le empezaron a mostrar a Judy sus dibujos.

Judy pensó en el mural que había hecho en Bishop Alemany High School. Sus estudiantes habían aprendido a cooperar. Judy pensó que el pintar murales también podía unir a los miembros de pandillas de

Judy trabaja con gente joven de diferentes pandillas en el vecindario de Boyle Heights. Judy es la tercera desde la izquierda, agachada.

Boyle Heights. Los murales eran similares al graffiti de cierta forma. Ambos contaban historias. Pero los murales contaban historias de una manera más positiva. Un mural podía contar la historia de un sitio y su gente. También podía mostrar cómo vivía la gente.

Muchos de los jóvenes que Judy conoció en los parques de Boyle Heights comenzaron a confiar en ella. Estaban dispuestos a escuchar. Querían aprender. Judy les dijo que quería formar un equipo para pintar murales. Nadie sabía lo que era un mural. Judy explicó que iban a pintar una imagen grande en la pared. Se reunirían después de que ella terminara su trabajo.

Un proyecto del vecindario

En el equipo del mural de Judy había alrededor de veinte miembros de pandillas. Tenían entre 16 y 21 años. El equipo se llamaba Las Vistas Nuevas. Judy esperaba enseñar al equipo a tener una nueva visión de la vida. Ella también quería que tuvieran una diferente perspectiva de su barrio.

Los miembros de Las Vistas Nuevas pertenecían a cuatro pandillas diferentes. No estaban acostumbrados a llevarse bien unos con otros. Estaban acostumbrados a pelear. Judy les dijo que se tenían que llevar bien. No podían pintar un mural si no podían cooperar.

Durante el verano de 1970, Las Vistas Nuevas pintó tres murales. Los murales mostraban la vida del barrio. El primer mural se pintó en la parte exterior de la concha acústica del Parque Hollenbrock. Se titulaba *Mi abuelita*. El mural mostraba el papel importante de las abuelas en las familias hispanas. El mural reflejaba sus raíces mexicanas y los valores en los que creían.

El equipo del mural aprendió a respetar y compartir los espacios públicos. Aprendieron que podían llevarse bien con personas de otras pandillas. Trabajar con miembros de pandillas también hacía feliz a Judy. No solamente pintaba. Estaba usando el arte para **unir** a la gente.

Resolver los problemas

Judy aprendió mucho ese verano. Empezó a darse cuenta de que todo el mundo necesita tener un propósito. Todos necesitan sentir que pertenecen a un sitio. Por esto es que las diferentes pandillas compiten para tener su propio espacio dentro del vecindario.

Las Vistas Nuevas tenía un problema. Otros miembros de pandillas no querían al equipo del mural en su territorio. Trataron de causarle problemas a los artistas. Para protegerse a sí mismos, el grupo de Judy tenía a algunos miembros actuando como **vigías**.

Los vigías silbaban cuando se acercaba alguien que podía provocar problemas. Los artistas se bajaban rápidamente de los **andamios** o plataformas en que estaban trabajando. Entraban en la concha acústica por las puertas del escenario. Luego esperaban la señal de "todo tranquilo" del vigía.

El equipo del mural tenía otro problema. La policía no apoyaba el trabajo de Judy porque pensaba que no era seguro tener a las pandillas trabajando en el parque. A la policía le preocupaba que se pelearan, y que la gente pudiera salir herida. La policía le dijo a Judy que ya no trajera pandillas al parque. La policía le dijo que arrestarían a los miembros del equipo.

Un día el equipo de Judy oyó el silbido del vigía. Era una señal especial para hacerles saber que un oficial vestido de civil estaba acercándose.

Esta sección de La gran muralla de Los Ángeles *se llama "Levantamiento de las mujeres".*

Un oficial vestido de civil es un oficial de la policía que usa ropa normal en lugar de un uniforme de policía. Judy le dijo a su grupo que siguiera pintando. Se preguntaba qué pasaría. Esperaba convencer al oficial de policía de que les dejara seguir trabajando.

Un poco de buena suerte

"¿Judy Baca?", dijo una voz de hombre. Judy esperaba ver a un policía listo para arrestar a su equipo. En lugar de esto, vio a un hombre llamado Sy Greben. Era su jefe en el Departamento de Parques y Recreación. Le preguntó: "¿Te están pagando para hacer este trabajo?".

Judy tenía miedo de contestar. No tenía permiso para pintar sobre la propiedad pública de la ciudad. Estaba preocupada. ¿Qué tal si el Sr. Greben estaba allí para decirle que dejara de pintar? Judy reunió toda su valentía. Le dijo con mucha amabilidad, "No. Soy una profesora de arte en sus parques y estoy trabajando en mi tiempo libre".

Judy contuvo el aliento. Esperó a oír lo que el Sr. Greben le diría a continuación. Él miró a la joven profesora de arte. Miró al equipo. Todos usaban ropas cubiertas de pintura. Entonces estudió el mural en el que estaban trabajando. Vio cómo el grupo había cooperado.

Sy Greben entendió de inmediato la importancia y el poder del trabajo de Judy. Las personas estaban cooperando. Si cooperaban en un proyecto de arte, esto les ayudaría a cooperar en otras áreas de sus vidas. Esto ayudaría a sus comunidades.

Sy Greben quería ayudar a Judy. Tiempo después ella explicó, "La Alcaldía estaba asombrada con el trabajo que yo estaba haciendo, creando murales con muchachos que habían asustado a los directores de los centros comunitarios". Sy Greben quería que Judy siguiera pintando.

La gran muralla de Los Ángeles *fue pintada sobre un muro de contención de inundaciones a lo largo del Tujunga Wash. El Tujunga Wash era un cauce natural del río de Los Ángeles. Fue convertido en una zanja de concreto para prevenir inundaciones como la que se muestra aquí.*

Capítulo 4: Independizarse

El trabajo que Judy había hecho en su tiempo libre fue recompensado. Sy Greben convirtió a Judy en directora de un programa de murales de la ciudad. El programa incluía a más vecindarios de East Los Ángeles. Se contrataron a adolescentes que habían tenido problemas con la policía. Sy Greben pensó que si tenían algo interesante que hacer no se meterían en problemas.

El programa de murales de Judy creció. En 1974, se le dio un nuevo nombre: Programa de Murales para la Ciudad. El programa se extendió a vecindarios por toda la ciudad y Judy contrató a adolescentes de sus anteriores equipos de murales. Ellos la ayudaron a desarrollar el programa.

Mientras el proyecto crecía, Judy trabajó con cientos de jóvenes **multiculturales** (muchachos de todas las razas). Pintaron más de 400 murales bajo su **supervisión**. Judy aprendió nuevas habilidades. Tenía que lidiar con gente de la Alcaldía y tenía que lidiar con los jóvenes.

Ocuparse de un problema

El Programa de Murales para la Ciudad se enfrentó con un problema de **censura** en su primer año. La gente quería que los murales mostraran tanto lo bueno como lo malo de vivir en el barrio. Pero los líderes de la Alcaldía no querían murales que mostraran a la gente luchando con la policía. Le dijeron a Judy que dejara de pintar esos tipos de murales. Si Judy no aceptaba, dejarían de darle dinero para el programa.

Judy no pensaba que la Alcaldía debía decirle a la gente qué pintar. Los vecinos eran los que tenían que mirar los murales dentro de sus vecindarios. Deberían ser ellos quienes decidieran. Otras personas que trabajaban para la Alcaldía estaban de acuerdo con Judy. La animaron a empezar su propia organización. Le dijeron que esto le daría más libertad. No tendría que preocuparse de que la Alcaldía le quitara el **financiamiento**. Podría encontrar otras fuentes de dinero.

Judy siguió este consejo. En 1976, ella y otras dos mujeres crearon el Centro Público y Social de Recursos Artísticos, SPARC (por su siglas en inglés). Las otras dos mujeres eran una cineasta llamada Donna Deitch y una profesora de arte de escuela secundaria llamada Christina Schlesinger. SPARC apoyó el arte público. El arte público es realizado por las personas de la comunidad. Se coloca donde la comunidad pueda verlo. SPARC quería **unir** a artistas y a gente de muchos grupos **étnicos**.

Christina fue la que creó el nombre de SPARC (suena como la palabra *spark* —chispa en inglés). Ella explica: "Tal como una pequeña chispa puede convertirse en un gran fuego en el pasto, una idea puede empezar una nueva manera de hacer las cosas". El movimiento mural que se extendió por Los Ángeles tenía un nuevo hogar.

El Tujunga Wash

SPARC comenzó su primer mural en 1976. Se llamaba *La gran muralla de Los Ángeles*. El **Cuerpo de Ingenieros del Ejército de Estados Unidos** contrató a SPARC para pintar el mural sobre el muro del canal de contención de inundaciones llamado el Tujunga Wash. Un canal de contención de inundaciones es una gran zanja por la que, durante una inundación, fluye el exceso de agua. El Cuerpo pensó que un mural mejoraría el aspecto de la zanja. Había sido anteriormente una zanja de tierra. Ahora, era una amplia y fea cicatriz de concreto. Dividía el terreno y se extendía por varias millas. Sus paredes medían trece pies y medio de alto.

Judy tuvo la idea de pintar la historia de Los Ángeles en el Tujunga Wash. De nuevo, trabajaría con la comunidad. Pintarían los eventos que no estaban en los libros de historia. Pintarían las historias de sus antepasados y de las personas que vivían allí ahora. Pintarían las historias de la gente común.

Muralistas mexicanos

Alguien le dio un libro a Judy llamado *Los tres grandes*. Era sobre tres muralistas mexicanos llamados Diego Rivera, David Alfaro Siqueiros y José Clemente Orozco. Ellos pintaron murales en la primera mitad del siglo veinte. Pintar murales en Estados Unidos provenía de su trabajo.

El libro inspiró a Judy a querer aprender más. En 1977, fue a México. Judy vio los murales que estaban pintados en las paredes de los edificios. Vio los murales en los puentes y otras grandes superficies. Judy quería saber más. Decidió estudiar durante algunos meses en el estudio de David Alfaro Siqueiros.

Siqueiros ya había muerto, pero todavía había gente trabajando en su estudio. Ellos habían aprendido de él antes de que muriera. Esta gente enseñaba a otros. Judy tomó clases en el estudio. Aprendió cuáles eran los mejores materiales de pintura y nuevas formas de pintar. Judy volvió de México inspirada por lo que había aprendido. Estaba lista para empezar a trabajar en *La gran muralla*.

David Alfaro Siqueiros (1896–1974)

Siqueiros fue el artista que más influenció a Judy Baca. Peleó en la Revolución Mexicana durante la década de 1910 y luego estudió en España desde 1919 a 1922. Después de regresar a México, pintó principalmente en edificios públicos. También se volvió muy activo en la política. Fue encarcelado varias veces durante los siguientes 40 años por ayudar a los **sindicatos** de trabajadores y por otras creencias políticas.

Siqueiros usó la luz y la sombra, pocos colores, formas atrevidas y grandes figuras para crear un efecto impactante. A menudo rociaba los colores con una pistola de pintura cuando decoraba grandes edificios. Sus murales suelen mostrar los cambios en la sociedad mexicana después de la Revolución y su creencia en el trato justo hacia la clase trabajadora y los pobres. También pintaba cuadros pequeños. Uno de sus cuadros más conocidos es *El eco de un grito* (1937).

Diego Rivera (1886–1957)

Diego Rivera fue un muralista y uno de los artistas más famosos de México. Empezó a estudiar arte a los diez años. Estudió y vivió en Europa desde 1907 hasta 1921. En 1921, Rivera regresó a México después de conocer a David Alfaro Siqueiros. Los dos querían crear un nuevo arte nacional inspirado por la Revolución Mexicana, que tuvo lugar entre 1910 y 1920.

Esto es parte de un mural de Rivera que está en un edificio gubernamental en México.

Rivera comenzó a pintar inmensos murales en edificios públicos por todo el país. En un mural del Palacio Nacional en Ciudad de México, Rivera pintó la historia de México. Rivera pintó indígenas, granjeros y trabajadores de fábricas en colores fuertes. Sus figuras humanas eran sólidas, formas simples bordeadas por líneas gruesas y oscuras.

Desde 1930 a 1934, Rivera trabajó en Estados Unidos. Pintó un mural llamado *Hombre en la encrucijada* en el Rockefeller Center de Nueva York. Incluía la figura de un líder ruso, el **comunista** Vladimir Lenin. Esto no les gustó a las personas que habían contratado a Rivera. Destruyeron la obra. Rivera regresó a México e hizo una copia del mural para el Palacio de Bellas Artes en Ciudad de México. Murió en 1957 antes de que pudiera terminar un mural gigante en el que estaba trabajando para el Palacio Nacional.

Esta sección de La gran muralla de Los Ángeles *muestra músicos populares de la década de 1930. La música de esa época es parte de la historia de la gente que vivió en la ciudad.*

Capítulo 5: Internacionalización

Judy comenzó a planificar el mural de *La gran muralla* antes de irse a México. Quería que el mural mostrara eventos importantes desde las épocas antiguas hasta los tiempos modernos. Mostraría a la gente común que había formado parte de la historia de Los Ángeles. El mural mostraría dinosaurios en una fosa de alquitrán. Mostraría a los exploradores españoles llegando por barco y a los trabajadores chinos construyendo la vía férrea. Mostraría a los trabajadores agrícolas y a los japoneses-americanos.

El trabajo del mural empezó en 1976. Judy tenía a ochenta adolescentes a quienes **supervisar** el primer verano. A los jóvenes se les pagaba con dinero de un programa de verano de la Alcaldía. Al regresar de México en 1977, Judy recordó lo que había aprendido allí. Usó ese conocimiento en las partes nuevas de *La gran muralla*.

Durante ocho veranos, Judy trabajó con gente de todas las edades y orígenes. Tanto trabajadores pagados como voluntarios ayudaron a Judy con el mural. Todo el mundo compartía ideas. A lo largo de los años, Judy trabajó con miles de personas de todas las edades y **culturas**.

El método de *La gran muralla*

Judy usó un proceso de grupo para planificar *La gran muralla*. Primero, se entrevistó a la gente sobre su historia familiar y sus vidas en Los Ángeles. Judy también habló con 40 profesores.

Después, los equipos de artistas ofrecían sus ideas. Luego, los grupos de adolescentes y voluntarios adultos pintaban el mural. Usaban imágenes para contar las historias de las familias. Al trabajar con otros, la gente aprendía a respetar sus diferencias. Los adolescentes aprendían a trabajar juntos para resolver problemas. Los adultos aprendieron más acerca de sus compañeros adolescentes. El trabajar por una meta común aumentaba la confianza entre todos. Se formaron amistades que duraron años.

Judy, la tercera desde la izquierda, con uno de los equipos que trabajaba en La gran muralla.

Otras actividades

Judy volvió a la universidad. En 1979, hizo una maestría en arte en la Universidad del Estado de California en Northridge. El trabajo continuaba en *La gran muralla*. Judy vio que el mural podía ser un modelo para otros proyectos de murales, así que desarrollaría un programa para artistas.

El programa se llamaba el Taller de Entrenamiento Muralista. Un taller le enseña a la gente habilidades en cierto campo. El taller comenzó a entrenar artistas en 1981. Los estudiantes aprendieron cómo organizar un proyecto, y cómo entrenar a voluntarios y expertos para trabajar juntos. Aprendieron cómo desarrollar una idea para un mural. Aprendieron cómo hacer una investigación y pintar murales.

Muchas personas tomaron nota del trabajo de Judy. En los primeros años de la década de 1980, Judy aceptó un nuevo trabajo enseñando en la Universidad de California en Irvine. Cada verano, continuaba trabajando en *La gran muralla*. Se completó en 1984. Tenía trece pies y medio de alto y media milla de largo. Se piensa que *La gran muralla* es el mural más grande del mundo. Es uno de los mayores logros de Judy.

El mural del mundo

Después de que se terminó *La gran muralla*, Judy pensó en una pregunta que le había hecho una adolescente. "¿Por qué no hacer una versión global de *La gran muralla*?", había sugerido la muchacha. Judy se había quedado con esa interrogante.

Lentamente se fue formando una idea. Judy trabajaría con personas de diferentes países. En 1987, Judy empezó a planificar un mural llamado *La muralla del mundo: Una visión del futuro sin miedo.*

El nuevo mural no mostraría la historia. En su lugar, mostraría el futuro en un mundo sin violencia. Judy quería que artistas de otros países ofrecieran ideas. Pero había un problema. Si se involucraba a gente de otros países, ¿dónde pintarían?

La idea de la paz

Judy planificó *La muralla del mundo* para ser un tipo de mural diferente. Ella quería que gente de otros países lo vieran. El mural tendría que ser portátil. El mural tendría siete paneles. Cada uno sería de 10 por 30 pies de alto. Judy y su equipo de ayudantes pintarían algunos de los paneles. Artistas de diferentes países pintarían otros paneles.

La muralla del mundo: Una visión del futuro sin miedo *es un mural sobre paneles móviles. La gente de todo el mundo puede verlos. Judy pintó el panel de arriba. Se llama "Triunfo de los corazones". Muestra cómo la gente puede promover un cambio pacífico.*

La muralla del mundo *contiene secciones de artistas de países diferentes. Dos artistas mexicanas, Martha Ramírez y Patricia Quijano, pintaron esta sección. Se llama "Tlazolteotl: fuerza creativa de lo disjunto".*

Empezar un nuevo proyecto era difícil. Era difícil para los adolescentes que trabajaban con ella imaginar un mundo de paz. Era más fácil para ellos imaginar un mundo destruido por la guerra.

Judy pensó que el primer paso hacia la paz mundial sería imaginarlo. ¿Si la gente no podía hacer eso, cómo podían esperar que alguna vez sucediese? Hizo un ejercicio con sus ayudantes. Ella quería ayudarles a entender la naturaleza de la paz. Todo el mundo se reunió en un círculo grande y extendió sus manos. Judy les dijo que se necesitaba cada mano en el círculo para hacer que el proyecto funcionara.

Judy trabajó en sus planes para la *La muralla del mundo*. En 1988, el alcalde de Los Ángeles le pidió que desarrollara un nuevo programa de mural para la ciudad. Se llamaba Programa Orgullo del Vecindario: Grandes Murallas Ilimitadas. La meta era pintar un mural en casi cada comunidad **étnica** de Los Ángeles. Entrenó a cientos de artistas y gente joven. A lo largo de muchos años, crearon más de cien murales.

Pintando la idea de la paz

Judy habló con mucha gente sobre sus ideas para *La muralla del mundo*. Ella les habló sobre un método que había usado para crear su mural anterior, *La gran muralla*. Les dijo que quería usar un proceso similar para el nuevo mural.

Judy encontró artistas de otros países para trabajar en *La muralla del mundo*. Judy intercambió información e ideas sobre un mundo pacífico con ellos. Esto tomó varios años de planificación.

La muralla del mundo **debutó** en Finlandia en 1990. Los paneles se dispusieron en un semicírculo. El mural viajó a otros países. En cada país que el mural visitaba, los artistas locales completaban otro panel. Los nuevos paneles se disponían en un círculo externo. Los primeros paneles estaban en el círculo interior.

La muralla del mundo se expuso en el Museo Smithsonian en Washington, D.C. Luego continuó sus viajes durante la década de 1990 y hasta la década del 2000. Cuando el mural no está viajando, su hogar permanente es en SPARC.

Judy había planificado que el mural tuviera siete paneles. Creció hasta tener 14 paneles. Ella dice que el número de paneles podría aumentar en el futuro. Puede que nunca esté completamente terminado. Para Judy, *La muralla del mundo* es importante por su poderoso mensaje de paz.

Centro Social y Público de Recursos Artísticos (SPARC)

SPARC fue fundado en 1976 por Judy Baca, Donna Deitch y Christina Schlesinger. SPARC se dedica a apoyar a los artistas en la creación de murales que reflejen la variedad de comunidades **étnicas** de Los Ángeles. He aquí algunas de las obras que SPARC ha patrocinado a lo largo de los años. Las enumeradas a continuación fueron creadas en las décadas de 1980 y 1990.

La ofrenda de Yreina Cervantes. Esta obra es un tributo a los trabajadores agrícolas latinos y a los miembros de **sindicatos**. Un sindicato es una organización que apoya los derechos de los trabajadores.

El Este se encuentra con el Oeste, de Vibul Wonprasat. Esta obra muestra los aportes de los asiáticos a Los Ángeles.

No en otro sitio, sino aquí, de Daryl Elaine Wells. Este mural aparece en la pared de un edificio para el Consejo Nacional de Mujeres Judías. Retrata a famosas activistas sociales femeninas, sean judías o no.

La libertad no esperará, de Noni Olabisi. Este mural en South Los Ángeles muestra la violencia del **racismo**.

Uno de los estudiantes de Judy Baca posa frente a su mural, El hermano de Arnoldo.

Capítulo 6: Diversificación

Judy enseñó durante quince años en la Universidad del Estado de California en Monterey Bay. A mediados de la década de 1990, ayudó a empezar un nuevo departamento de la universidad llamado el Instituto de Artes Visuales y Públicas. Judy y los otros fundadores convirtieron una vieja base militar en una nueva escuela de arte. Habían encontrado un uso pacífico para la vieja base.

Un día Judy recibió una llamada telefónica. Era de la Universidad de California en Los Ángeles (UCLA). UCLA es una de diez universidades en el sistema de la Universidad de California. Las diferentes ramas están situadas por todo el estado. La UCLA quería que Judy trabajara para ellos. Le explicaron que algunos estudiantes se habían puesto en huelga de hambre. En una huelga de hambre, las personas se rehúsan a comer hasta que se cumplan sus exigencias.

Los estudiantes querían que la universidad ofreciera un programa en estudios **chicanos**. Querían aprender sobre la **cultura** méxico-americana. Estaban dispuestos a pasar hambre hasta que obtuvieran lo que querían.

Uno de los estudiantes de Judy Baca en UCLA creó este mural, llamado Familia.

Los estudiantes pensaron que la universidad no les haría caso a menos que hicieran algo para llamar la atención. Por eso se pusieron en huelga de hambre. Querían que un méxico-americano les enseñara sobre la **cultura chicana**. Judy aceptó el trabajo.

Judy empezó a enseñar en UCLA en 1996. Trabajó en dos departamentos. El primer departamento tiene un nombre muy largo. Se llama el Centro César Chávez para la Instrucción Interdisciplinaria en Estudios Chicanos. *Interdisciplinario* quiere decir estudiar un tema desde muchos puntos de vista.

El Centro Chávez les enseñaba a los estudiantes sobre el arte, la historia y la literatura de la cultura chicana. Los estudiantes aprendieron sobre los muchos logros de los méxico-americanos. El arte de Judy a menudo se centra en las luchas de gente que sufrió pobreza y **racismo**. Su trabajo inspiró a los alumnos.

Judy también trabajó en un departamento de UCLA llamado Arte y Culturas del Mundo. Era profesora de arte. Había trabajado con artistas de otros países en *La muralla del mundo*. Esa experiencia le ayudó para este nuevo trabajo.

Las recompensas de la paz

El trabajo de Judy en UCLA fue recompensado. Se convirtió en una de las pocas profesoras **chicanas** del sistema de la Universidad de California a las que se le ofreció ser profesor titular. Esto quiere decir que tiene un puesto permanente en la universidad. Convertirse en un profesor titular es un gran logro.

Judy se acordó de cuando era pequeña. Pensó en cómo su abuela había cuidado a las personas a su alrededor. Había enseñado a Judy la importancia de amar a la propia familia. Había enseñado a Judy sobre sanar a la gente.

Luego, Judy se acordó de su primer año como maestra. Se acordó de cómo había perdido ese trabajo porque había marchado por la paz. Había estado molesta por ser despedida de su primer trabajo en la enseñanza. Ahora, había llegado a la cima de su profesión. Había continuado trabajando por la paz. Las recompensas habían sido enormes.

Una nueva forma de hacer murales

Judy estaba muy ocupada con sus diferentes trabajos. Enseñaba en UCLA. Continuaba trabajando en SPARC. Judy quería enseñar a más gente a hacer murales. Buscó una forma que permitiera a un mayor número de personas trabajar en ellos. Escogió el método de las **imágenes digitales**.

Para diseñar los murales, las imágenes digitales se crean usando computadoras y cámaras digitales. Las fotografías o imágenes tomadas con cámaras digitales se pueden introducir en una computadora. Luego, en la computadora, el artista puede modificar una imagen de muchas maneras. Puede ampliarla, o puede combinarla con otras imágenes.

Judy necesitaba un sitio donde los estudiantes pudieran aprender esta nueva forma de hacer murales. Ella inició el Laboratorio Digital de Murales de UCLA. El laboratorio tenía sus clases en la sede de SPARC. Judy estaba emocionada por la forma más moderna de hacer murales.

Las imágenes digitales facilitan la conservación de los murales. Los artistas pintan las imágenes sobre láminas de aluminio. Luego, fijan las láminas de aluminio a las paredes de edificios. Los murales sobre aluminio son más fáciles de salvar. Pueden ser retirados de un edificio viejo antes de que sea destruído.

Más que un mural

Con la nueva **tecnología**, Judy enseñó a los estudiantes a planificar y pintar un mural. Judy usó el mismo proceso que siempre había usado. Primero, sus estudiantes aprendían la historia de un sitio. Necesitaban conocer la importancia de trabajar con la comunidad. Recogían ideas de la gente del sitio. Luego, los estudiantes decidían qué incluir en el mural. Combinaban sus ideas con las de las personas con las que habían hablado.

Judy explica: "Ellos están creando sitios de memoria pública. Deben preguntarse a sí mismos, '¿Qué debemos recordar? ¿Debemos contar la historia de quién, y por qué?'".

Los estudiantes de Judy aprendieron sobre las **culturas** y las comunidades en las que se colocaron sus murales. Ellos disfrutaron creando murales con gente de la comunidad. Hicieron nuevos amigos. Pasaron mucho tiempo con ellos. Algunos se volvieron tan unidos como una familia.

Los estudiantes querían que la gente que vivía allí vieran que valía la pena contar sus historias. Judy y otros 15 estudiantes crearon entonces seis murales para el centro comunitario de Estrada Courts. Éste es uno de los complejos de viviendas subvencionadas más viejos en East Los Ángeles. Un complejo de viviendas subvencionadas ofrece viviendas para personas con bajos ingresos.

Cada mural cuenta algo sobre la gente que vive allí. Algunos murales son sobre sus raíces. Algunos muestran las cosas que son importantes en sus vidas. Un estudiante recuerda lo diferente que fue la creación de murales comparada con otras experiencias. "Lo que aprendimos va más allá del arte. Aprendimos a trabajar juntos creativamente", dice el estudiante.

Conservación de un tesoro nacional: *América tropical* de David Alfaro Siqueiros

A veces los murales son destruídos porque la gente no está de acuerdo con su tema. En 1932, el muralista mexicano David Alfaro Siqueiros pintó un mural de 80 pies de altura en Los Ángeles. La gente esperaba que Siqueiros pintara una escena de un pueblo mexicano feliz. Él no lo hizo. Su mural *América tropical* muestra en símbolos lo mal que eran tratados los trabajadores mexicanos en California. Un símbolo es algo que representa a otra cosa. La gente estaba escandalizada por el mural de Siqueiros. La Alcaldía hizo que pintaran encima del mural con pintura blanca.

Hacia el final de siglo veinte, la Alcaldía decidió que el mural debía ser salvado. Era el único mural público que Siqueiros había dejado en Estados Unidos. Se limpió el mural y se le puso una capa protectora, y luego se mostró al público a comienzos del siglo veintiuno. Los estudiantes de Judy hicieron un mural para una exposición coordinada con este **debut**. Una exposición muestra muchas pinturas u obras de arte. El mural que hizo el grupo de Judy se llamaba *Los Ángeles tropical*. Mediante la técnica de **imágenes digitales** colocaron una parte del mural de Siqueiros en la mitad de su propio mural. El mural de los estudiantes muestra escenas históricas de pobreza y penurias.

Debido a que muchos murales están afuera, donde están expuestos al clima, requieren mantenimiento. Aquí, un artista de Los Ángeles examina la superficie de su mural de 21 años.

Capítulo 7:
Trabajo significativo

Los murales no duran a menos que reciban mantenimiento. Se dañan cuando un edificio es destruído. Se dañan cuando la gente pinta **graffiti** sobre ellos. La contaminación, el clima y el abandono pueden estropear los murales que están al aire libre. Para el año 2000, la luz del sol y la lluvia habían desteñido *La gran muralla*. Cada año, las aguas de las inundaciones entraban en el Tujunga Wash. Cada vez, el agua dañaba el mural un poco más.

Sólo unos pocos murales están protegidos por el gobierno. Usualmente, los artistas deben cuidar los murales que pintan. Judy trabajó con el Centro Social y Público de Recursos Artísticos (SPARC) para recaudar dinero para repintar *La gran muralla*. Costaría más de un millón de dólares restaurar el mural.

Judy explicó que valía la pena el costo. "La gente que había trabajado en este proyecto había dado mucho más que su tiempo", dijo. Habían hecho algo que valía la pena conservar. Hicieron un monumento gigante a la paz entre las razas.

Más trabajo en el mural

La gran muralla fue iniciada en 1976. El año 2001 marcó su 25.º aniversario. Judy sabía que mucha de la gente que había trabajado en el mural todavía vivía cerca. Les pidió que la ayudaran a restaurarlo.

Una mujer llamada Ernestine había trabajado en *La gran muralla* cuando tenía catorce años. Había estado metida en muchos problemas. Judy trabajó de cerca con la niña con problemas. Ella había traído algunas personas para hablar con Ernestine y los otros adolescentes.

Una de esas personas era un superviviente del Holocausto que había sobrevivido a los campos de concentración alemanes durante la Segunda Guerra Mundial. El Holocausto fue la matanza de millones de personas sólo porque eran judíos o miembros de otros grupos **étnicos**.

Ernestine recordó esta visita por mucho tiempo. Empezó a darse cuenta de que sus problemas eran pequeños comparados con los de otros. Ernestine trabajó en el mural durante seis años. Se convirtió en líder de equipo. Ella contó cómo el trabajo la había ayudado. "Salvó mi vida", dijo.

Mark Meisels también trabajó en el mural cuando era adolescente. La experiencia le ofreció un camino en la vida. Le ayudó a escoger una carrera. Se convirtió en asistente decorador de escenografías para las películas. Un decorador de escenografías reúne materiales para crear fondos para las escenas de las películas. Mark dijo que el mural fue la razón por la que entró en el mundo del cine.

Judy acepta un premio de los jóvenes que trabajaron en La gran muralla *en 1980.*

Mark oyó que Judy estaba llamando a la gente para que ayudasen a restaurar el mural. Él dijo, "Me gustaría formar parte de eso una vez más, aunque sea sólo por un día".

Judy quería hacer más que simplemente restaurar *La gran muralla*. Quería agregar algo más sobre la historia de Los Ángeles. Quería pintar más historias que fuesen importantes para la gente de la zona.

Los estudiantes de Judy le ayudaron a planificar. Los eventos en el mural original terminaban con la década de 1950. Los estudiantes de Judy estudiaron lo que había sucedido desde entonces. Aprendieron sobre los eventos que tuvieron lugar entre la década de 1960 y la década de 1990. Hablaron con la gente que había vivido dentro de la comunidad durante esos años. Planificaron que *La gran muralla* mostrara algunas de estas historias.

Ser reconocida

Judy ha sido reconocida por su trabajo. En el año 2001, la Fundación Nacional de la Herencia Hispánica le dio un premio en Washington, D.C., por su labor educativa.

Ese mismo año, Judy fue invitada de la primera dama Laura Bush en un almuerzo en honor a la primera dama Marta Fox de México. *Primera dama* es el título que se le da a la esposa de un presidente. Judy fue escogida para ser una invitada porque representa a la comunidad méxico-americana.

Judy ahora está en sus 50 años tardíos. Todavía da clases en la Universidad de California en Los Ángeles. Continúa su trabajo en SPARC. Constantemente trabaja en nuevos proyectos de murales que recogen las experiencias de muchas personas. Da charlas a muchos grupos sobre el importante trabajo que ella y otros miembros de SPARC están haciendo.

Una lista de todo el trabajo que Judy ha hecho no puede ni empezar a contar toda su historia. Judy usa el arte para **unir** a personas de todas las edades y proveniencias. Ha enseñado a miles de personas sobre el valor de tener un propósito en la vida. Su forma de usar el arte para darle una voz a la gente común todavía impacta a muchas comunidades.

Algunas obras de Judy Baca, desde 1990 a 2002

Esta es una sección de La memoria de nuestra tierra: Colorado.

La memoria de nuestra tierra: Colorado 1999

Este mural de 50 pies de alto en el Aeropuerto Internacional de Denver muestra la historia de la zona de Denver y su gente. Para Judy, el proyecto fue algo personal. Sus abuelos se habían establecido en Colorado después de irse de México.

Proyecto mural de Durango 2001

Judy trabajó con los indígenas Ute del sur y jóvenes **chicanos** en Durango, Colorado. Usaron **imágenes digitales** para construir el mural en Internet. La obra de 20 por 35 pies fue producida sobre baldosas, colocadas en el exterior del Centro de Bellas Artes de la ciudad.

Quince murales digitales de baldosas sobre el paseo marítimo de Venice Beach, California 2002

Estas baldosas ofrecen una visita autoguiada por los murales históricos de Venice, reproducidos sobre las baldosas. Venice es un suburbio de Los Ángeles. SPARC tiene su sede allí.

Glosario

abstracto que no tiene una relación directa con el mundo físico. El arte abstracto no representa ningún objeto o persona en concreto.

andamio plataforma que permite a los pintores trabajar a una altura elevada del suelo

casero el dueño de un apartamento o casa que está alquilada a otra persona

censura omitir algo con lo que no se está de acuerdo

chicano/a méxico-americano

comunista relacionado a un sistema de gobierno en el que todo es propiedad del estado

Cuerpo de Ingenieros del Ejército de Estados Unidos organización gubernamental que construye y mantiene las carreteras y las represas

cultura valores, creencias y modo de vida compartidos por un grupo de personas

debutar mostrar algo al público por primera vez; iniciar un evento

discriminación tratamiento injusto de un grupo de personas debido a su raza u otra característica

étnico un grupo grande de personas que tienen un origen similar
debido a cosas en común como su raza, su religión, su idioma o
su nacionalidad

financiamiento dinero dado a una persona u organización para pagar
un proyecto

graffiti dibujo o escritura sobre una superficie pública, como una pared

guerra civil una guerra entre personas que viven dentro de un mismo
país

imagen digital imagen creada por computadoras, *software*, cámaras
digitales y *scanners*

multicultural que representa o refleja varias culturas

prehistórico épocas anteriores al tiempo en que el ser humano empezó
a dejar un registro escrito de la historia

racismo la creencia de que una raza es mejor que otra

republicano gobierno en que la gente escoge a sus líderes

sindicato organización de trabajadores

supervisar inspeccionar o dirigir a una o varias personas

tecnología método o herramienta especializado

unir reunir o juntar

vigía persona designada para avisar a otros sobre cualquier peligro
inminente

Cronología

1946: Judy Baca nace en Los Ángeles, California.

1964: Judy se inscribe en la Universidad de California en Northridge.

1969: Se gradúa de universidad. Comienza a enseñar en su antigua escuela secundaria; trabaja con estudiantes en su primer proyecto de arte cooperativo.

1970: Comienza a dar clases de arte para la ciudad de Los Ángeles. Pinta murales con miembros de pandillas.

1974: Comienza el Proyecto de Murales para la Ciudad.

1976: Funda el Centro Social y Público de Recursos Artísticos (SPARC) junto con otros. Comienza *La gran muralla*, posiblemente el mural más largo del mundo.

1977: Estudia arte mural en México.

1981: Desarrolla el Taller de Entrenamiento Muralista en SPARC.

1987: Comienza a trabajar en *La muralla del mundo: Una visión del futuro sin miedo*.

1988: Desarrolla un nuevo programa mural para la ciudad de Los Ángeles llamado: Programa Orgullo del Vecindario: Grandes Murallas Ilimitadas.

1990: Termina cuatro de los siete paneles de *La muralla del mundo* y viaja a la antigua Unión Soviética y a Finlandia para exponer la obra en evolución.

1996: Comienza a dar clases en la Universidad de California en Los Ángeles. Comienza a experimentar con las imágenes digitales para hacer murales.

2000: Termina el mural para el Aeropuerto Internacional de Denver.

2001: Comienza a restaurar *La gran muralla* para el 25.º aniversario, y a actualizarlo con eventos sucedidos hasta la década de 1990. Recibe el premio de la Fundación Nacional de la Herencia Hispánica por su labor educativa.

Información adicional

Lectura adicional en español

Ada, Alma Flor/Campoy F. Isabel. *Azul y verde*. Miami: Santillana, 1999.

Lectura adicional en inglés

Ancona, George. *Murals: Walls that Sing*. New York: Marshall Cavendish, 2003.

Cruz, Bárbara. *José Clemente Orozco: Mexican Artist*. Springfield, NJ: Enslow Publishers, 1998.

Fernández, Mayra. *Judy Baca: Artist*. Cleveland, OH: Modern Curriculum Press, 1994.

Direcciones:

SPARC
(Social and Public
Art Resource Center)
685 Venice Boulevard
Venice, CA 90291

César Chávez Center
for Interdisciplinary Instruction
in Chicana and Chicano Studies
UCLA
Bunche Hall 7349
Mailcode 155 903
Los Angeles, CA 90095-1559

Índice